2 Patas e 1 Tatu

Bartolomeu Campos de Queirós

2 Patas e 1 Tatu

Ilustrações
Luiz Maia

global
editora

© Jefferson L. Alves e Richard A. Alves, 2022

1ª Edição, Editora Positivo, 2010
2ª Edição, Global Editora, São Paulo 2019
3ª Reimpressão, 2023

Jefferson L. Alves – diretor editorial
Dulce S. Seabra – gerente editorial
Flávio Samuel – gerente de produção
Juliana Campoi – assistente editorial
Jefferson Campos – assistente de produção
Luiz Maia – ilustrações

Dados Internacionais de Catalogação na Publicação (CIP)
(Câmara Brasileira do Livro, SP, Brasil)

Q43d
2.ed.

    Queirós, Bartolomeu Campos de
      2 patas e 1 tatu / Bartolomeu Campos de Queirós ; ilustrações Luiz
Maia. – 2. ed. – São Paulo : Global, 2019.
      36 p.: il. ; 23cm.

      ISBN 978-85-260-2456-4

      1. Ficção. 2. Literatura infantil brasileira. I. Maia, Luiz. II. Título.

18-53809   CDD: 808.899282
                                   CDU: 82-93(81)

Vanessa Mafra Xavier Salgado - Bibliotecária – CRB-7/6644

Obra atualizada conforme o
NOVO ACORDO ORTOGRÁFICO DA LÍNGUA PORTUGUESA

Global Editora e Distribuidora Ltda.
Rua Pirapitingui, 111 – Liberdade
CEP 01508-020 – São Paulo – SP
Tel.: (11) 3277-7999
e-mail: global@globaleditora.com.br

 globaleditora.com.br   @globaleditora

 /globaleditora   @globaleditora

 /globaleditora   /globaleditora

blog.grupoeditorialglobal.com.br

Nº de Catálogo: **3950**

PARA LUISA,
FILHA DE HUMBERTO
E LIANA.

A PATA TÁ É DA TANINHA.

A PATA TI É DA TININHA.

SÃO 2 PATAS E 2 MENINAS.

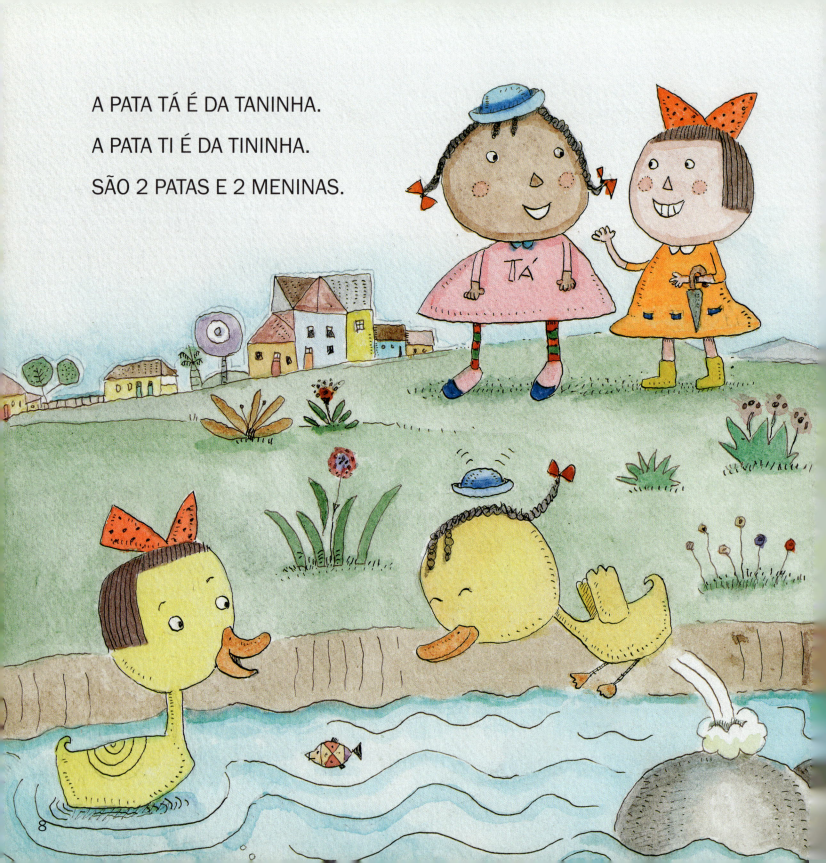

8

O TATU-BOLA É DO TONINHO.

É 1 TATU-BOLA E 1 MENINO.

A PATA TÁ E A PATA TI

DORMEM NO NINHO

DO TATU-BOLA DO TONINHO.

O TATU-BOLA NÃO DORME.

NA NOITE, TATU-BOLA FUÇA.

A PATA TI FALA + TI-TI-TI, TI-TI-TI.

A PATA TÁ FALA + TÁ-TÁ-TÁ, TÁ-TÁ-TÁ.

O TATU-BOLA DO TONINHO

ROLA, ROLA E EMBOLA.

A PATA TÁ AMA + O TATU

E GOSTA – DA BOLA.

A PATA TI AMA + A BOLA

E GOSTA – DO TATU.

O TATU-BOLA NÃO DÁ BOLA

E SE ENROLA, ENROLA E REBOLA.

TANINHA AMA A PATA TÁ

E GOSTA = DA PATA TI.

TININHA AMA A PATA TI

E GOSTA = DA PATA TÁ.

O AMOR DO TONINHO

É O TATU-BOLA

QUE ROLA NA RUA E VIRA 1 BOLO.

QUEM AMA UM TATU-BOLA

TEM TAMBÉM UM TATU-BOLO.

TONINHO GOSTA DE BALA,

GOSTA DE BOLO,

E AMA + O TATU-BOLA

QUE ROLA, EMBOLA E REBOLA.

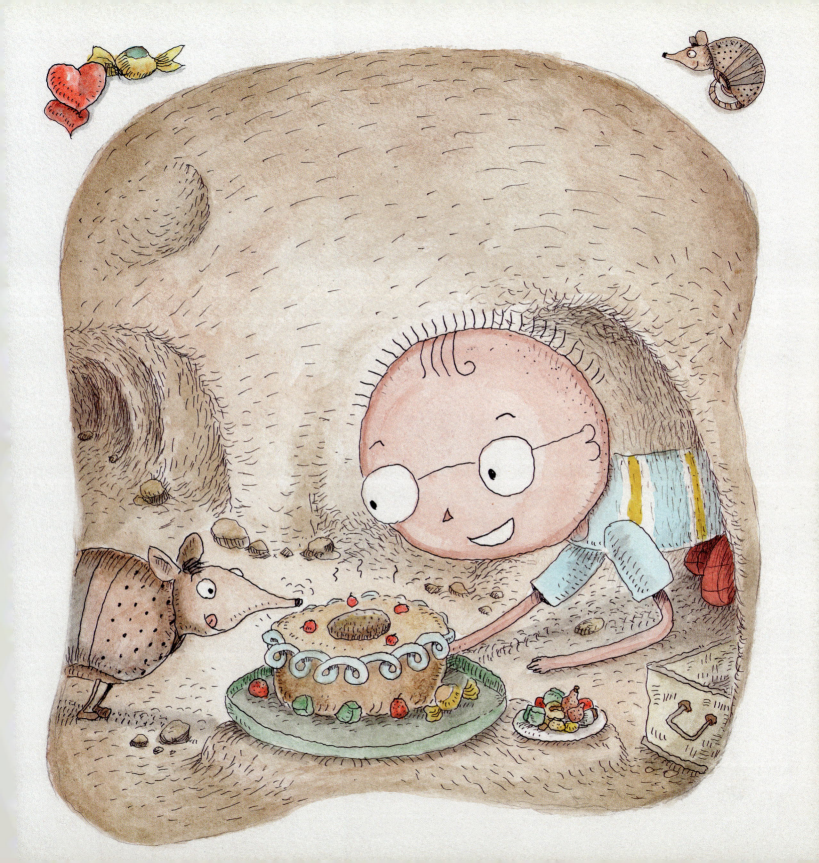

TANINHA AMA = AS 2 PATAS: PATA TÁ E PATA TI.

TININHA AMA = AS 2 PATAS: PATA TI E PATA TÁ.

2 + 2 = 4

SÃO 4 AMORES E 2 PATAS.

SÃO 4 AMORES E 2 MENINAS.

Spacca

BARTOLOMEU CAMPOS DE QUEIRÓS

QUANDO CRIANÇA, NÃO GOSTAVA DE BARTOLOMEU POR-QUE ERA UM NOME MUITO GRANDE E ONDE MORAVA SÓ EU ME CHAMAVA ASSIM.

SEMPRE GOSTEI DE LER, MAS SÓ MUITO DEPOIS É QUE COMECEI A ESCREVER MINHAS PRÓPRIAS HISTÓRIAS. EU LEIO DEVAGAR PARA APROVEITAR BEM AS PALAVRAS. POR EXEM-PLO, QUANDO LEIO A PALAVRA "GAVIÃO" EU VEJO TAMBÉM UM AVIÃO. SE VEJO A PALAVRA "CARRAPATO", UM CARRO E UM PATO ME ESPIAM. SE OLHO A PALAVRA "GIRASSOL", ENCONTRO UM SOL QUE GIRA. ASSIM, AOS POUCOS, VOU FAZENDO MINHAS HISTÓRIAS. FOI ASSIM QUE ESCREVI *2 PATAS E 1 TATU*. GOSTO DE ESCUTAR O SOM DAS PALAVRAS E BRINCAR DE DESCOBRIR O QUE ELAS ESCONDEM. SE VOCÊ BRINCAR COM AS PALAVRAS "PATO" E "TATU", OUTRAS HISTÓRIAS ACONTECERÃO.

(DE MINAS GERAIS, BARTOLOMEU NASCEU EM 1944 E FALECEU EM 2012.)

LUIZ MAIA

SOU MINEIRO DE SABARÁ. ATUALMENTE, MORO EM SÃO PAULO. INICIEI MINHA CARREIRA ARTÍSTICA AOS 18 ANOS COM A EXPOSIÇÃO DO MEU TRABALHO NA FEIRA DE ARTES DA PRAÇA DA LIBERDADE, EM BELO HORIZONTE. ALGUM TEMPO DEPOIS, ME DEDIQUEI AO TEATRO, FIZ CENOGRAFIAS, FIGURINOS, ADEREÇOS E ATÉ FUI ATOR. GOSTO DE TRABALHAR BUSCANDO A INFÂNCIA NA MINHA MEMÓRIA.

NAS ILUSTRAÇÕES DESTE LIVRO DO GRANDE ESCRITOR BARTOLOMEU CAMPOS DE QUEIRÓS, MINEIRO COM UMA IMAGINAÇÃO SEM LIMITES, UTILIZEI NANQUIM E AQUARELA LÍQUIDA E PROCUREI ME APROXIMAR DO SEU TEXTO, TENTANDO VER, LER E OUVIR TODAS AS PALAVRAS PENSADAS PELO AUTOR.

LEIA TAMBÉM DESTE AUTOR

DE LETRA EM LETRA

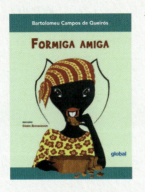

FORMIGA AMIGA

O GUARDA-CHUVA DO GUARDA

O PATO PACATO

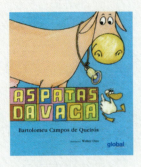

AS PATAS DA VACA

DE BICHOS E NÃO SÓ

HISTÓRIA EM 3 ATOS

O OVO E O ANJO

PARA CRIAR PASSARINHO

SOMOS TODOS IGUALZINHOS